Martin Sandkühler

NIKOLAUSLEGENDEN

OGHAM-BÜCHEREI

27

Martin Sandkühler

Nikolaus-Legenden

Aus dem Leben und Wirken des Heiligen und Bischofs von Myra

OGHAM VERLAG

6., überarbeitete Auflage 2022

Umschlaggestaltung:
Wolfram Schildt, Berlin, unter Verwendung des
Bildmotivs Nikolaus von Myra, Wandmalerei, 1565,
San Bernardo bei Monte Carasso, Tessin, Schweiz

Druck und Bindung:
Majuskel Medienproduktion GmbH, Wetzlar

ISBN 978-3-7235-1694-2

KINDHEIT UND JUGEND VON NIKOLAUS

An der südlichen Küste Kleinasiens, in der Landschaft Lykien, lag einst die Hafenstadt Patara. Es war ein bedeutender Hafen, und die Schiffe der Griechen und Byzantiner trafen sich dort mit denen der Römer und Syrer. Händler aus dem Osten brachten Gewürze und feine Stoffe, Seide und kostbaren Schmuck und tauschten mit den Kaufleuten des Westens.

Reisende aus vielen Ländern passierten den Hafen auf ihren Wegen in die Länder östlich des Mittelmeeres, und solche aus dem Osten wechselten hier die Schiffe, um nach Byzanz oder Rom weiterzureisen. Lange vor Nikolaus' Geburt nahm auch der Apostel Paulus in Patara seinen Aufenthalt, ehe er auf ein syrisches Schiff stieg, um nach Jerusalem weiterzufahren.

In dieser geschäftigen und durch den Handel reichen Stadt wurde um das Jahr 270 Nikolaus als Sohn eines wohlhabenden Kaufmannes geboren. Seine Eltern waren fromme Christen, und schon am Tage nach ihres Sohnes Geburt wurden sie gewahr, daß um ihr Kind etwas ganz Besonderes sein mußte. Es stand beim Bade auf und wollte auch am folgenden Mittwoch und am Freitag nicht mehr als einmal an seiner Mutter Brust trinken, während es sonst ganz normal trank. Erschrocken versuchten Amme und Mutter allerlei Mittel, um ihn zum Trinken zu bewegen, doch an jedem Mittwoch und Freitag wiederholte sich die Weigerung, bis den beiden Frauen klar wurde, daß hier das Kind nur die Fastentage einhielt.

Als Nikolaus größer wurde, durfte er auf vielen Gängen seinen Vater in den Hafen begleiten. Die verschiedenen Schiffe faszinierten ihn, noch mehr aber die Menschen aus aller Herren Länder, deren buntes Gewoge die Straßen füllte und deren Rufe in mancherlei Sprachen die Waren feilboten. Selten jedoch spielte Nikolaus mit anderen Kindern seines Alters, sondern suchte eher die Andacht in den Kirchen, und was er dort von der Heiligen Schrift erfuhr, bewahrte er mit großem Ernst in seinem Herzen.

Als Kind noch gaben ihn seine Eltern deshalb zu seinem Onkel, einem frommen Abte, in die Schule. Leicht lernte er dort und zeigte sich als ungewöhnlich begabt. Seine große Frömmigkeit tat sich allen kund, doch vergaß er darüber auch nicht, sich mit beispielhafter Fürsorge um seine Mitschüler zu kümmern. Diese Geschehnisse verbreiteten sich alsbald in der Stadt.

Einer erzählte es dem anderen, bis Nikolaus ganz allgemein als Gotteskind angesehen ward.

So groß war das Vertrauen der Menschen in das Kind, daß sie ihn ehrfürchtig grüßten, wenn er mit seinem Vater durch die Straßen ging. Eines Tages fiel eine alte Frau, deren rechte Hand gelähmt war, vor Nikolaus auf die Knie. Er faßte leicht ihre Hand und hieß die Frau aufstehen, da ihm solche Ehrerbietung nicht gebühre. Doch als die Frau aufgestanden war, konnte sie ihre rechte Hand wieder ganz normal bewegen. Die Frau war froh und glücklich und lobte Gottes Tat, die sich durch das Kind Nikolaus kundgetan hatte.

So wuchs Nikolaus heran zum Jüngling, mit Frömmigkeit im Herzen und einer großen Liebe zu den Menschen.

Da aber starben ihm beide Eltern und er stand alleine von einem Tag zum anderen. Nikolaus aber verzagte nicht. Der Reichtum seiner Eltern gab ihm seine Lebensgrundlage, und er konnte fortan sich ganz und gar der frommen Andacht und dem Studium der Heiligen Schrift widmen. Gar bald wurde offenbar, wohin er fortan sein Lebensschiff zu steuern gedachte.

NIKOLAUS UND DIE TÖCHTER DES ARMEN EDELMANNS

Nach dem Tode seiner Eltern lebte Nikolaus still für sich in seinem Hause und studierte. Eine alte Haushälterin und der Pförtner sorgten für ihn und hielten sein Anwesen in Ordnung. In Patara gab es zu dieser Zeit trotz des allgemeinen Wohlstandes in der Stadt auch Menschen, die nicht mit Glücksgütern gesegnet waren. Nikolaus blieb dies nicht verborgen, und da er gütigen Herzens war, linderte er die Not von mancher Familie durch seine Gaben.

Unter Nikolaus' Nachbarn war auch ein Edelmann, der ohne eigene Schuld in Not geraten war. Er hatte einen Kornhandel betrieben, der gut florierte. Doch eines Tages hatte ein gewaltiger Sturm seine drei Schiffe gegeneinander getrieben, so daß Schiffe und Ladung zerbarsten und untergingen. Von einem Tag auf den anderen war er seines Vermögens beraubt. Seine Frau war bald darauf gestorben, und er brachte sich mit seinen drei Töchtern mühsam durch. Oft waren sie in Not und tiefer Verzweiflung, da sie kaum genug zu essen hatten.

Die Sorgen des Edelmannes wuchsen noch, als seine

Töchter ins heiratsfähige Alter kamen, denn woher sollte er, arm wie er war, für seine Töchter eine Aussteuer nehmen? Und ohne Aussteuer – ohne Aussteuer würde ganz sicherlich niemand seine Töchter heiraten.

Die drei Mädchen sahen diese Not und verstanden die Niedergeschlagenheit ihres geliebten Vaters. Wie aber konnten sie ihm helfen? Eines Tages berieten sie sich wieder einmal darüber, als die Älteste den beiden anderen erzählte: «Ich habe oft gehört, meine lieben Schwestern, daß Frauen für die, die sie liebten, sich auf einem der Sklavenmärkte verkauften, um so die Mittel für den Unterhalt ihrer Familien zu erlangen. Ich würde dies mit Freuden auf mich nehmen, um auf diese Weise unserem lieben Vater zu helfen.

Bei nächster Gelegenheit will ich von zu Hause entfliehen und mich selbst auf dem Sklavenmarkt anbieten. Sicher bin ich einige hundert Dukaten wert für einen Dienstherrn, denn ich habe gelernt zu kochen, zu nähen und überdies glaube ich auch, daß mein Äußeres angenehm ist und einem Käufer gefallen kann.»

«Nein, nein», riefen da sofort die beiden jüngeren Schwestern. «Du darfst so etwas nicht tun! Du bist unseres Vaters teuerster Besitz und seine Trösterin, du darfst ihn jetzt nicht verlassen. Wenn wir schon vor lauter Not diese Frage besprechen müssen, so laß uns diejenigen sein, die sich als Sklaven verkaufen. Wohl haben wir nicht dein Geschick in der Küche noch beim Nähen, auch sind wir nicht von so schöner Gestalt, doch irgendjemand wird uns schon kaufen.»

«Ihr seid ja fast noch Kinder», erwiderte da die Älteste. «Ihr müßt euch solche Dinge aus dem Kopfe schlagen.»

«Wir sind nur wenig jünger als du, und es wird nicht lange dauern, dann haben wir dein Alter erreicht.»

So gab eine Rede die andere, und keine der Schwestern wollte davon hören, daß die anderen zwei zum Sklavenmarkt gehen sollten, so voller Zuneigung waren sie untereinander. Schließlich fielen sie sich weinend in die Arme und gelobten sich, was immer sie auch für ihren Vater tun wollten, sie würden es erst unter sich besprechen und sich einig werden, was zu tun sei. Diese Gespräche aber führten sie, als ihr Vater nicht im Hause war, damit er nichts davon erführe.

Durch Gerede in der Stadt hörte schließlich auch Nikolaus von der Not dieser Nachbarsfamilie. So begann er zu überlegen, wie er in diesem Fall am besten helfen könnte.

Geld konnte er ihnen nicht einfach so anbieten, denn

sie waren doch eine noble Familie und würden solcherlei Almosen, von welcher Hand auch immer, niemals angenommen haben. Und doch mußte er ihnen helfen, denn er konnte sich wohl vorstellen, in welcher Not sie lebten, und er fürchtete außerdem, daß die hochherzigen Töchter in ihrer Verzweiflung Dinge ersinnen mochten, die ihnen zum Schaden gereichen würden.

So beschloß er, ihnen heimlich zu helfen, wie er es bei so manchen anderen schon getan hatte. Immer war er unerkannt geblieben, und so sollte es auch diesmal sein.

In einer kalten, klaren Dezembernacht setzte er seinen kleinen Plan in die Tat um. Leise schlich er sich aus seinem Haus auf die stille Straße. Patara lag in Dunkelheit wie seinerzeit wohl Bethlehem, als dort die heilige Familie ans Tor der Herberge klopfte.

Nikolaus wandte sich zuerst dem Meere zu, denn er mußte ja einen Umweg machen. Die Wasser des Hafens glänzten im Sternenlicht, im Hintergrund, kaum sichtbar, ragten die Berge Lykiens wie eine gewaltige Befestigung in den Nachthimmel hinein.

Einen Moment hielt er inne, um das schöne Bild in sich aufzunehmen, dann schritt er weiter, wobei er leise vor sich hinmurmelte: «In einer Nacht wie dieser kann man wohl die Engel singen hören.»

Und sicher sangen sie in Nikolaus' Herz, als er so dahinging und sich heimlich freute, daß er bald wieder etwas Gutes tun könne.

Er war sicher, daß ihn weder die Haushälterin noch der Pförtner hatten weggehen hören – sie würden nichts von seiner Mission wissen.

Er fühlte, daß dies der richtige Weg sei, gute Taten zu tun: allein und unerkannt – in aller Stille. Merkwürdig, wie wenige Menschen sich doch dieses Geschenk und die Freude der Freigebigkeit gönnen. Während Nikolaus dies überlegte, war er auf Umwegen an seinen Bestimmungsort gekommen. Hier stand, an der Biegung einer kleinen Straße, das Haus des armen Edelmannes. Die dicken Mauern und das Tor mit dem vorspringenden Erker sahen vernachlässigt aus, und das hölzerne Blendgitter vor dem unteren Fenster hing lose und schief in seinen Angeln. Ein schwacher Lichtschein drang durch die Öffnung, und als Nikolaus sich reckte und auf Zehenspitzen hineinlugte, sah er den Edelmann vor dem erloschenen Herdfeuer am Tisch sitzen. Eine kleine irdene Lampe erhellte notdürftig den Raum und Tränen strömten über des Mannes abgehärmtes Angesicht.

Nikolaus griff unter seinen Mantel und zog einen wohlgefüllten Beutel mit Goldstücken hervor, den er geschwind durch das halboffene Fenstergitter warf, dann eilte er schnellen Schrittes von dannen.

Das Geräusch des klirrenden Beutels auf dem Boden hatte den Edelmann aus seinen Gedanken geschreckt. Voller Staunen und Zweifel blickte er auf den Beutel am Boden. Er rieb sich die Augen, und als er wieder vor sich hinschaute, war der Beutel noch immer da – kein Trugbild narrte ihn.

«Guter Gott», so seufzte er voller Dankbarkeit, «so hast du endlich meine Bitten erhört!» Und zaghaft griff er nach dem kostbaren Beutel, öffnete ihn und sah die Goldstücke im schwachen Licht der Lampe glitzern. Als er sich einigermaßen von seinem frohen Schrecken erholt hatte, rief er seine Töchter herbei: «Kinder, Kinder, kommt schnell und seht, welches Geschenk uns der Himmel gebracht hat!»

Aufgeregt und voller Erwartung kamen die Mädchen herbei und sahen, was geschehen war. Freudig umarmten sie ihren Vater, denn nun war doch auf einige Zeit die Not im Hause vorbei.

In ihrer Erleichterung machten die Mädchen Pläne, wie die Gabe am besten zu verwenden sei. Natürlich mußten sie alle zuerst einmal genügend zu essen kaufen, dann vielleicht das eine oder andere Kleidungsstück und vielleicht gar Mitgift für ihre Hochzeiten? Der Vater aber beschwichtigte sie, denn er sah, daß die Goldstücke für alle Pläne nicht reichten.

Doch sollte, nachdem die dringendsten Bedürfnisse der Familie befriedigt waren, ein Teil für die Aussteuer derjenigen beiseite getan werden, die zuerst heiraten sollte. Und so ward es beschlossen.

Nikolaus aber war inzwischen längst von seinem Gang nach Hause zurückgekehrt. Ungesehen gelangte er wieder in sein Haus und schlief fest und gut bis zum Morgen.

Voller Freude über die gelungene Tat setzte er sich zum Morgenimbiß, so daß sogar seiner Haushälterin auffiel, daß etwas Besonderes geschehen war.

Als Nikolaus sich aber nach dem Morgenimbiß zurückzog, wurde er ernst und schämte sich seines Selbstlobes. Er dachte über das nach, was er getan hatte, und fand schließlich, daß er lediglich nach christlicher Sitte und Nächstenliebe gehandelt habe. Doch deshalb, so sinnierte er weiter, waren die Probleme des armen Edelmannes noch lange nicht gelöst. ‹Gottes Reichtümer sind grenzenlos›, dachte er für sich, ‹und weshalb sollte ich dann nicht wirklich mein Vorhaben zu Ende führen?›

So brach er denn ein zweites Mal bei Dunkelheit zum Hause des armen Edelmannes auf. Die Fensterblende hing zwar noch immer lose, doch das Licht aus dem Raum war heller durch mehrere Öllampen, und auf der Herdstelle flackerte ein lustiges Feuer. Der Tisch war gedeckt und Nachbarn und Freunde saßen mit den drei Mädchen und dem Herrn des Hauses beim Abendmahle. Gerade hatten sie die Mahlzeit beendet, als der Edelmannn sich erhob und nochmals Gott dankte, daß er ihnen so wunderbar geholfen hatte. Staunend und versunken stand Nikolaus, und fast hätte er den Zweck seines Kommens vergessen. Schnell zog er wiederum einen wohlgefüllten Beutel unter seinem weiten Mantel hervor und warf ihn mit geschicktem Schwung vor des Edelmannes Füße. Schnell machte er sich davon, ohne die Wirkung seiner Gabe weiter abzuwarten.

‹Und wiederum unvollständig›, so sagte er sich, als er am nächsten Tag nochmals darüber nachdachte. Ja, er wollte doch erreichen, daß alle drei Töchter genügend für ihre Aussteuern hatten und daß obendrein noch ein gutes Sümmchen für den Lebensunterhalt der Familie übrigblieb.

Nahe an Mitternacht machte er sich deshalb ein drittes Mal auf den Weg zum Hause des Edelmannes. Den Hausherrn sah er diesmal alleine im Raum, doch merkte man ihm an, daß weniger Sorgen auf ihm lasteten als vorher. Rasch zog Nikolaus seinen Beutel hervor und warf ihn hinein. Er hatte aber nicht an das alte Fenstergitter gedacht, und so blieb sein Ärmel hängen. Der Edelmann hörte das Geräusch am Fenster und griff nach dem festgehakten Mantel.

«Wer bist du?» fragte er die in der Dunkelheit unter dem Mantel nicht kenntliche Gestalt.

«Oh bitte, laßt mich gehen und stellet keine Fragen», bat Nikolaus. «Ihr habt erhalten, was Euch not tat und meine Bitte und Bedingung ist, daß ihr niemals nachforscht, wer ich bin und woher die Gabe kam.»

Mit einem schnellen Griff löste er seinen Mantel und verschwand in der Nacht.

So hatte er zuletzt doch sein Vorhaben vollständig in die Tat umgesetzt. Zufrieden eilte er duch die kalte Dezembernacht nach Hause.

Der Edelmann jedoch konnte wieder einen kleinen Kornhandel beginnen, der es ihm dann im Laufe der Jahre ermöglichte, seine Familie mit Schwiegersöhnen und Enkeln in bescheidenem Wohlstande zu versorgen.·

WIE NIKOLAUS ZUM BISCHOF GEWÄHLT WURDE

Nikolaus verbrachte seine Zeit mit dem Studium der Heiligen Schriften. Er lebte zurückgezogen, fast wie ein Mönch, und die Leute achteten ihn darob sehr.

Eines Tages beschloß er, eine Pilgerfahrt ins Heilige Land zu unternehmen, um dort die Stätten zu besuchen, an denen Jesus Christus gelebt und gewirkt hatte. So bestieg er denn im Hafen von Patara ein Schiff, welches ihn nach Palästina bringen sollte.

Die Fahrt ging bei schönem Wetter an der Küste Lykiens entlang nach Myra und Antalya und dann auf Syrien zu. Da kam jedoch ein Sturm auf, und das Schiff geriet in große Gefahr. Einer der Seeleute ward über Bord gespült, doch Nikolaus rettete ihn wunderbarerweise. Die anderen Schiffsleute warfen sich zu Nikolaus' Füßen und baten ihn, für sie zu beten. Dies tat Nikolaus, und gleichzeitig sagte er zu den Seeleuten: «Vertrauet auf Gott, so wie ich, sein Diener, auf ihn vertraue, und ihr werdet gerettet werden.»

Nicht lange, und der Sturm, der anfangs heftig gewütet hatte, flaute ab, und das Schiff brachte alle sicher zum Hafen.

Nikolaus pilgerte zu den heiligen Stätten in Jerusalem und Bethlehem und an anderen Orten. Viele Wochen verbrachte er dort in frommem Gebet. Nachdem er alle Stätten voller Andacht besucht hatte, begab er sich auf den Heimweg.

Wiederum bestieg er ein Schiff, da der Weg zu Lande um vieles länger und beschwerlicher war. Dies Schiff brachte ihn zum Hafen von Myra, etwa 40 Meilen östlich von seiner Vaterstadt. Auch Myra war ein bedeutender Hafen, größer noch als Patara, und auch hier hatte der Apostel Paulus auf seiner Reise nach Rom Station gemacht.

In Myra war der Sitz eines Bischofs, und bevor Nikolaus landete, war der Bischof gestorben und der Bischofsstuhl verwaist. Die Bischöfe des Landes hatten sich eingefunden, um einen Nachfolger zu wählen. Unter dem Vorsitz des Ältesten und Angesehensten unter ihnen waren sie nun schon einige Zeit in Fasten und Gebet beisammen, konnten sich aber nicht auf einen Nachfolger einigen.

Da erschien dem Ältesten eines Nachts eine Engelsgestalt, die also zu ihm sprach: «Betet weiter in dieser Nacht und verharret in Andacht. Zur Zeit des Morgengebetes aber gehet hin zur Kirchentüre und wartet dort. Der erste Mann, der zum Morgengebete die

Kirche betritt, der soll euer neuer Bischof sein. Mit Namen aber wird er Nikolaus geheißen.»

Nach diesen Worten verschwand die Erscheinung, und der altehrwürdige Bischof verharrte weiter im Gebet bis zum Morgengrauen. Als die Sonne aufging und die Zeit des Morgengebetes näherrückte, eilte er zu den anderen Bischöfen und teilte ihnen mit, was für eine wunderbare Erscheinung er gesehen habe und was ihm verkündet worden sei. Und alsbald stellte er sich neben die Kirchentüre, um den Besucher zu empfangen.

Nikolaus war kurz nach Sonnenaufgang im Hafen angekommen und von Bord gegangen. Sein erster Gedanke galt dem Morgengebet in der nahen Bischofskirche. Nichts ahnend und in Gedanken an seine Reise versunken ging er dahin, und als er die Kirche betrat, kam sogleich der Älteste der Wahlgemeinde auf ihn zu und fragte ihn nach seinem Namen. «Nikolaus ward ich getauft und bin ein Diener des Herrn.» So antwortete er, und der Älteste war hocherfreut, daß sich die Verkündigung so wunderbar bestätigt hatte. Er unterrichtete Nikolaus von den Geschehnissen und geleitete den anfangs sich Sträubenden zum Bischofsstuhl, wo er alsbald unter dem Jubel der anderen Bischöfe als einer der ihren eingekleidet wurde.

Als die Bürger der Stadt von diesen wunderbaren Geschehnissen hörten, eilten sie zur Kirche, wo Nikolaus einen feierlichen Dankgottesdienst zelebrierte.

Fortan lebte Nikolaus in Myra und half den Leuten mit Rat und Tat, wie er es auch schon in Patara getan hatte.

NIKOLAUS UND DIE GÖTTIN DIANA

Es wird erzählt, daß zu jener Zeit, als Nikolaus zum Bischof von Myra gewählt wurde, das Christentum in Lykien schon recht verbreitet war. Doch gab es, kaum über 200 Jahre nach Christi Kreuzestod, auch noch so manche Anhänger des alten Götterglaubens. Bei vielen Bauern war der Kult der Göttin Diana noch üblich. Da aber die Tempel der alten Götter meist zerstört oder dem neuen christlichen Glauben geweiht waren, opferten die Anhänger des alten Diana-Kultes heimlich bei heiligen Bäumen.

Nikolaus als frommer Bischof wußte natürlich davon, und er sah dies in seinem Eifer nur ungern. So bekam er eines Tages Kunde von einem großen Baum in der Nähe seiner Bischofsstadt Myra, der der Göttin Diana geweiht sein sollte. Um den alten Kultus zu unterbinden, ließ Bischof Nikolaus den Baum fällen.

Nun war aber die Göttin Diana über diese Tat ergrimmt und beschloß, sich an Bischof Nikolaus zu rächen. Sie fuhr zu diesem Zwecke übers Meer nach der Hafenstadt Alexandria, wo gerade ein Pilgerschiff auslaufen sollte. Sie verwandelte sich dank ihrer noch immer mächtigen Zauberkräfte in eine wunderschöne

Nonne und näherte sich in dieser Gestalt drei Seeleuten, die eben das Schiff nach Myra besteigen wolten. Diesen Seeleuten übergab sie ein Tongefäß voller Öl und sprach zu Ihnen: «Ihr Seeleute, ich habe gehört, daß eure Fahrt zu dem Hafen von Myra gehen soll. In dieser Stadt lebt ein gar frommer Mann, dem ich meine Reverenz erweisen will. Es ist der Bischof Nikolaus von Myra. In diesem Gefäß nun findet ihr spezielles Öl, mit dem ihr die Bischofskirche zum Zeichen meiner Ehrerbietung vor den Augen des Bischofs salben sollt.»

Die Seeleute waren von der schönen Erscheinung der Nonne so geblendet, daß sie versprachen zu tun, was die Nonne ihnen aufgetragen hatte.

Nachdem nun das Schiff seine Fahrt nach Myra glücklich vollendet hatte, begaben sich die drei Seeleute zur Bischofskirche und fragten dort nach dem Bischof Nikolaus. Nicht lange, so trat dieser ihnen auf den Stufen der Kirche entgegen und fragte nach ihrem Begehr.

«Herr Bischof, uns ist etwas sehr Merkwürdiges geschehen», begannen die Seeleute ihren Bericht. «Wir wollten uns gerade auf unser Schiff nach Myra begeben, da trat uns eine Nonne am Hafen von Alexandria entgegen. Diese Nonne war von wunderschöner Gestalt und bat uns mit bewegten Worten, Euch, Herr

Bischof, nach unserer Ankunft in Myra unsere Aufwartung zu machen und Euch dies Geschenk zu übergeben. In diesem Tongefäß, so sagte uns die schöne Nonne, sei ein kostbares Öl, welches wir als Zeichen der Verehrung Euch übergeben und auch auf die Stufen und Mauern der Kirche verstreichen sollten. Eueren Ruhm und Eure Güte hätten viele Zungen verkündet, und so sei er auch bis zu ihr gedrungen und so wolle sie als kleines Zeichen der Aufmerksamkeit Euch dieses Öl zukommen lassen.»

Bischof Nikolaus hatte aufmerksam den Seeleuten zugehört und sagte nun nachdenklich: «Wahrlich, dies ist seltsam und ich sollte mich freuen über so große Ehrerbietung einer so schönen Nonne. Doch fühle ich mich solcher Anbetung unwürdig und kann eine offene Verehrung dieser Art nicht annehmen. Deshalb, meine lieben Freunde, schlage ich vor, daß ihr dies Gefäß mit euch nehmt und den Inhalt, anstatt ihn auf Schwelle und Mauern dieser Kirche zu verstreichen, auf offener See ins Wasser schüttet. Das wäre dann ein Opfer an den allmächtigen Gott, der die Wasser und alles, was in ihnen lebt, in seiner Güte regiert.»

Die Seeleute waren voller Staunen über diese Worte, nahmen das Gefäß und segelten aus dem Hafen. Als sie die freie See erreicht hatten, warfen sie das geöffnete Gefäß ins Meer.

Sobald aber das Öl sich auf dem Wasser ausgebreitet hatte, schossen riesige Flammen daraus empor und verbreiteten große Hitze. Nur mit Mühe konnten die Seeleute durch geschicktes Manövrieren ihr Schiff retten und den Flammen entkommen. Sobald sie ihr Schiff wieder sicher im Hafen vertäut hatten, gingen sie zu Nikolaus, um ihm zu berichten:

«Oh Herr, wir bewundern Eure große Weisheit, und wir danken aus tiefstem Herzen, daß Ihr verhindert habt, daß an Euch und Eurer Kirche schweres Leid geschehe. Niemals hätten wir es verwinden können, wäre Euch durch die Flammen Übles zugefügt worden.»

«Ihr lieben Leute», so erwiderte der Bischof, «ich weiß, daß ihr nur mit gutem Willen meine schwachen Taten mit Dank vergelten wolltet. Das Böse aber, dessen müssen wir immer eingedenk sein, lauert in vielerlei Gestalten, um uns vom rechten Wege abzubringen. So soll uns auch dieses Vorkommnis eine Lehre sein, daß selbst im schönen Körper ein böser Wille sich einnisten kann. Die Nonne, die euch in Alexandria begegnete, war niemand anderes als die Göttin Diana, welche mir grollt, weil der alte Glaube neben dem Christentum keinen Platz mehr haben kann und weil ich das Zeichen ihres Kults, den großen Baum vor der Stadt, habe fällen lassen. Durch die Hilfe Gottes habe ich aber ihre List durchschaut und konnte so die Gefahr vom Altar dieser Kirche abwenden.»

Die Seeleute dankten dem Bischof für seine Worte und gingen auf ihr Schiff zurück. Die Kunde aber breitete sich alsbald durch die Länder des östlichen Mittelmeeres aus, wie der heilige Nikolaus die Göttin durchschaut hatte. So mancher Anhänger des alten Glaubens wandte sich ab und nahm die neue christliche Lehre in sich auf.

NIKOLAUS UND DIE DREI STUDENTEN

Um die Zeit, zu der Nikolaus in Myra wirkte, war die große Universität von Alexandria in Ägypten weithin berühmt. Viele Studenten aus allen Teilen Kleinasiens reisten zum Studium dorthin, und bevor sie die Schiffsreise antraten, kamen die meisten von ihnen auch durch die Hafenstadt Myra.

Eines Tages waren drei Freunde, Söhne begüterter Eltern aus der Nähe Myras, in der Hafenstadt angekommen, denn sie hatten sich bei einem der Schiffer zur Überfahrt nach Alexandria angemeldet. Ihr Gepäck war bereits an Bord, doch sollte die Fahrt erst in der Morgenfrühe bei günstigem Wind beginnen.

Für die Nacht kehrten sie in einem Gasthaus ein, und der Wirt, als er sah, daß sie aus vornehmem Hause kamen, gab ihnen die besten Zimmer. Die jungen Leute hatten reichlich Geld bei sich, und was lag näher, als daß sie am Abend fröhlich zechten und feierten. Lustige Musik klang bis in die Nacht hinein aus dem Gasthaus, bis die Müdigkeit die Studenten übermannte.

Am Morgen jedoch wartete der Schiffsmann vergeblich auf die drei Fahrgäste. Zuerst dachte er, die jungen

Herren hätten verschlafen, doch der Schiffsjunge, den er zum Gasthaus geschickt hatte, kam mit einer sonderbaren Nachricht zurück: Der Wirt hätte ihm berichtet, die drei Studenten seien am Morgen spurlos verschwunden gewesen, kein Mensch wisse, wohin, und außerdem hätten sie ihm nicht einmal die Zeche bezahlt.

Der Schiffer konnte nicht länger mit der Ausfahrt warten, ließ deshalb das Gepäck der Studenten wieder ausladen und beim Hafenaufseher einlagern und fuhr aus dem Hafen.

Die seltsame Kunde vom Verschwinden der drei Studenten hatte sich jedoch in Windeseile in der Stadt herumgesprochen, und kurze Zeit später erfuhr auch Nikolaus davon durch seinen Pförtner.

«Seltsam, sehr seltsam», dachte der Bischof, denn er kannte die Eltern der drei jungen Herren gut und traute ihnen eigentlich solch schlechtes Benehmen nicht zu, denn so fröhlich sie auch am Abend gefeiert hatten, war es doch zu keinerlei Ausschreitungen gekommen. Selbst die Nachbarn des Gastwirts hatten erzählt, daß lange vor Mitternacht schon die Musik aufgehört hatte und nichts Ungewöhnliches zu bemerken gewesen sei.

Nikolaus beschloß, auf eigene Faust erst einmal

Nachforschungen anzustellen. Er machte sich auf den Weg zum Gasthaus, ging hinein zum Wirt und ließ sich dessen ganze Geschichte noch einmal erzählen. Der Wirt war ein untersetzter, rundlicher Mann mit unruhig flackernden Augen, und man erzählte sich von ihm in der Stadt, daß schon mancher Reisende von ihm «gerupft» und übervorteilt worden sei. Nikolaus wußte natürlich von allen diesen Geschichten schon, und so veranlaßte er den ängstlichen Mann, ihn durchs Haus zu führen.

Zimmer auf Zimmer durchsuchte Nikolaus, die Schränke wurden geöffnet, die Schubladen herausgezogen, die Betten abgetastet und von den Wänden abgerückt – vom Dach bis zum Erdgeschoß wurde alles durchsucht, bis sie schließlich zum Keller kamen. Dort waren die Vorräte für die Gäste gelagert, große tönerne Krüge voller Öl, Kornbehälter, Mehlsäcke, Weinbehälter und mehrere Fässer für Pökelfleisch.

Nikolaus war durch die bisher so nutzlose Suche ganz verzweifelt, warf sich auf den Boden und verharrte dort in stillem Gebet. Und während er seine ganze Gedankenkraft auf die Bitte richtete, die Studenten mögen wieder gefunden werden, da regte sich's plötzlich in den Pökelfässern, wie wenn jemand mit starker Faust die Fleischstücke durcheinanderwürfe.

Der Wirt zitterte an allen Gliedern und Angstschweiß lief ihm übers Gesicht, doch Nikolaus bemerkte von alledem nichts. Noch immer kniete er, bis mit einem Krach die Deckel von dreien der Fässer sich lösten und die drei Studenten gesund und munter daraus hervorstiegen. Der Gastwirt hatte dies alles schreckensbleich mit angesehen, und als er jetzt die drei Studenten aus den Fässern steigen sah, war es um den Rest seiner Fassung geschehen. Er warf sich dem Bischof Nikolaus zu Füßen und gestand, die jungen Leute im Schlaf umgebracht zu haben. Die Leichen hätte er in die Pökelfässer gesteckt, damit sie niemand entdecke. Doch hätte er natürlich nicht mit seiner, des Bischofs Wunderkraft gerechnet.

Nachdem nun der ruchlose Gastwirt seine Untat gestanden hatte, wäre es nur natürlich gewesen, daß der Bischof ihn der weltlichen Gerechtigkeit übergeben hätte. Doch Nikolaus in seiner großen Güte vergab ihm und veranlaßte ihn auf der Stelle, den jungen Leuten ihr Eigentum und ihr Geld wieder zurückzugeben, ja noch mehr, der Wirt mußte die Zeche des Abends und die Übernachtung selbst übernehmen, was er auch erleichterten Herzens sofort tat.

Von diesem Tage an wurde er zu einem tüchtigen Helfer des Bischofs, linderte selbst manche Not, und keiner der Reisenden, die in großer Zahl bei ihm einkehrten, konnte sich je über ihn beklagen.

Die Studenten aber, denen durch das glückliche Dazwischentreten des Bischofs Nikolaus das Leben wieder geschenkt worden war, trugen auch ihrerseits dem Wirt nichts nach. Sie dankten Nikolaus aus ganzem Herzen, gingen dann zum Hafen, lösten ihr Gepäck aus und segelten mit dem nächsten Schiff nach Alexandria.

NIKOLAUS UND DIE DREI FELDHERREN

Die Göttin Diana war nicht die einzige Widersacherin des Bischofs Nikolaus. Viel schlimmer bedrohte ihn der römische Kaiser Diokletian, der voller Grausamkeit die Christen verfolgte. Da Nikolaus einer der eifrigsten Fürsprecher der Verfolgten war, erreichte auch ihn bald des Kaisers Zorn, und er wurde ins Gefängnis geworfen.

Nicht lange danach starb jedoch der Kaiser, und sein Nachfolger Konstantin, den die Geschichte später den Großen nannte, ließ dem Christentum nicht nur sein Wohlwollen angedeihen, er erhob die neue Religion zur Staatsreligion und wurde selbst Christ.

Sobald Kaiser Konstantin auf dem Throne saß, ließ er auch diejenigen, die von seinem Vorgänger wegen ihres Glaubens in den Gefängnissen saßen, aus ihren Kerkern befreien. Auch Nikolaus durfte wieder in seine Bischofsstadt Myra zurückkehren, wo die ganze Bevölkerung ihn mit großem Jubel begrüßte.

Nicht lange danach bekamen drei Feldherren des Kaisers den Auftrag, in der Provinz Phrygien einen Aufstand gegen des Kaisers Herrschaft niederzuschlagen. Ein Heer und Schiffe wurden ausgerüstet, und die Flotte segelte an der Küste Kleinasiens entlang und warf Anker vor Myra. Die Soldaten bekamen Landurlaub, und bald war die Gegend von Myra voll von ihnen. Die Bauern trieben eilig ihr Vieh in die Ställe, die Mädchen durften nicht mehr auf die Straße, und die Gastwirte wurden vorsichtig und hielten ihre besseren Sachen zurück, denn gar oft nahmen sich die Soldaten das, was sie brauchten, einfach ohne Bezahlung.

Die Ausschreitungen der Soldaten nahmen schnell überhand, und die Unruhe unter der Bevölkerung wuchs. Als noch einige Gewalttätigkeiten dazukamen, schickten die Leute Abgesandte zum Hause des Bischofs Nikolaus, er möge doch dem unguten Treiben ein Ende bereiten.

Der Bischof zögerte nicht lange. Auf der Stelle sandte er einen Boten zu den Feldherren, die auf den Schiffen geblieben waren, und bat sie zu einem Besuch in sein Haus. Kaum waren sie dort angekommen, fuhr sie der Bischof auch schon zornig an, was denn das für ein unbotmäßiges Treiben in der Stadt sei – ja, Feldherren seien sie wohl kaum zu nennen, wenn sie dem Unwesen ihrer Soldaten nicht alsbald Einhalt gebieten würden.

Die Feldherren waren über des Bischofs Worte sehr

erschrocken, denn sie hatten keine Ahnung von den Auswüchsen gehabt. Kaum aber hatten sie die Klagen des Bischofs vernommen, ließen sie durch die Hauptleute zum Sammeln blasen, und die Soldaten mußten schleunigst auf die Schiffe zurück. Am Hafen aber saß einer der Hauptleute und erstattete den geschädigten Bürgern ihre Verluste.

Nachdem der Bischof Nikolaus so für Ruhe gesorgt hatte, lud er die drei Feldherren zum Mittagsmahl ein.

Doch kaum hatten sie sich zum Mahle niedergelassen, da klopfte es heftig an der Tür, ein schweißbedeckter Bote trat ein und warf sich vor dem Bischof nieder.

«Herr», rief er, «rette deine Freunde, die der Stadtpräfekt ungerechterweise hinrichten lassen will, nachdem er bestochen wurde. Ein neuer Aufstand bricht aus, wenn du diese Tat nicht verhinderst, denn die Leute wissen von der Unschuld der Angeklagten!»

Der Bischof sprang auf und sagte zu seinen Gästen: «Ihr seht, liebe Freunde, wir können nicht ruhig bei Tische sitzen, wärend vielleicht Unschuldige gerichtet werden. Kommt, begleitet mich, damit wir diese Angelegenheit in Ordnung bringen können!»

Der Richtplatz befand sich zu dieser Zeit außerhalb Myras am Fuße eines Berges, vor dem Amphitheater. Eine riesige Menschenmenge hatte sich dort versammelt, voller Zorn brodelten die Stimmen durcheinander, denn ein jeder wußte, daß der Stadtpräfekt reichlich bestochen worden war, um die drei Edelleute rasch und ohne Verfahren abzuurteilen.

Nikolaus und die drei kaiserlichen Feldherren eilten, so schnell es irgend ging, hinaus vor die Stadt. Schon von weitem sahen sie das Podium, auf dem die drei Verurteilten gefesselt vor dem Henker niederknieten. Mit lauter Stimme gebot Nikolaus Einhalt, sein Ruf wurde von den am Rande Stehenden aufgenommen, und bald schrie die Menge im Sprechchor: «Henker halte ein, der Bischof Nikolaus kommt!»

Mittlerweile hatte Nikolaus das Podest erreicht und fuhr den Henker an, er solle sofort mit seiner Arbeit aufhören. Das bereits erhobene Richtschwert schlug er ihm aus der Hand und wandte sich dann zornfunkelnd an den Stadtpräfekten: «Was untersteht Ihr Euch, hier ohne Gerichtsverhandlung unschuldige Bürger der Stadt hinrichten lassen zu wollen?» Der Stadtpräfekt, wohl wissend, daß er im Unrecht war, erbleichte, als er hinter dem Bischof auch noch die drei kaiserlichen Feldherren auftauchen sah. Stotternd und kaum seiner Worte mächtig, stieß er Entschuldigungen hervor: «Edler Bischof, das Ganze beruht sicher auf einem groben Irrtum» und zum Henker gewandt setzte er hinzu «laßt sofort die Gefangenen frei – entledigt sie ihrer Fesseln.»

Nikolaus aber ermahnte den Präfekten laut und vor allem Volk also: «Du hast Übles getan, schon allein durch die Drohung mit dem Tode. Da du aber deinen Fehler eingesehen hast, trage ich dir nichts nach, ob jedoch diese Gesandten des Kaisers hier Bericht erstatten werden, das muß ich ihrer Gnade überlassen. Kommt ihr Herren, wir wollen unser unterbrochenes Mahl in meinem Hause fortsetzen.» Mit diesen Worten wandte er sich zum Gehen, doch die ihrer Fesseln ledigen Gefangenen eilten zu ihm und dankten unter dem Jubel der ganzen Bevölkerung für die tatkräftige Hilfe. «Heil unserem Beschützer Nikolaus!» so tönte es im Chor aus der Menge.

Der Bischof aber winkte ab und meinte, er habe doch nur das getan, was jeder hilfsbereite Mensch an seiner Stelle wohl auch getan hätte. Und damit wandte er sich der Stadt zu und ging mit den drei Feldherren zum Mittagsmahl.

Nach beendetem Mahl begaben sich die Feldherren wieder auf ihre Schiffe zurück, und am nächsten Tag zog das Heer nach Phrygien, wo die Feldherren den Aufstand siegreich niederschlugen.

Nun hatten aber die Feldherren am kaiserlichen Hofe nicht nur Freunde, sondern auch Neider, die die Abwesenheit der drei ausnützten, um gegen sie zu arbeiten. Sie versuchten, dem Kaiser zu schmeicheln, und bei jeder Gelegenheit ließen sie über die Feldherren abschätzige Bemerkungen fallen. Immer weiter trieben sie es, bis sie schließlich sogar dem Kaiser gegenüber behaupteten, die drei Feldherren seien ihm nicht mehr treu ergeben, ja sie würden sogar danach trachten, durch einen Aufstand den Thron für sich selbst freizumachen. Und weil nun diese üblen Einflüsterungen täglich dem Kaiser vorgebracht wurden, so glaubte er sie schließlich.

Die drei Feldherren waren, nachdem sie ihre Aufgabe so glücklich vollbracht hatten, bei gutem Wind wieder nach der Hauptstadt gesegelt. Sie freuten sich schon, dem Kaiser persönlich berichten zu können, und so liefen sie voller Erwartung in den Hafen ein.

Wie groß war jedoch ihr Erstaunen, als sie an Land traten und dort von den Wachen gefangengenommen und in den Kerker gebracht wurden. Nur kurz wurde ihnen bedeutet, daß der Kaiser sie des Verrates bezichtige und daß sie damit zu rechnen hätten, hingerichtet zu werden.

Die Feldherren, die sich keiner Schuld bewußt

waren, beklagten ihr Los und grübelten voller Verzweiflung, was das wohl alles zu bedeuten habe. In ihrer Todesangst dachten sie nochmals an die vergangenen Tage und Wochen ihres Feldzuges und auch an die Zeit in Myra, wo Nikolaus so voller Tatkraft sich der zu Unrecht verurteilten Edlen angenommen hatte. «Ach, wenn doch nur der Bischof von unserer Not wüßte – gewiß würde er auch uns helfen, hier wieder herauszukommen», so sagte einer zum anderen. Immer wieder gingen ihre Gedanken zu dem freundlichen Mann nach Myra, doch wie sollte er von ihrem Geschick erfahren, da ihnen doch verboten war, Briefe zu senden?

In der Nacht vor der Hinrichtung aber hatte der Kaiser, der sich unruhig auf seinem Bett gewälzt hatte, einen seltsamen Traum. Die Gestalt des Bischofs Nikolaus erschien ihm, und er vermeinte, die Worte zu hören: «Kaiser Konstantin, du hältst Unschuldige in deinem Gewahrsam. Die drei Feldherren, die du morgen hinrichten lassen willst, sind unschuldig. Entlasse sie auf der Stelle, wenn du dir nicht vorwerfen lassen willst, du habest unschuldiges Blut vergossen!»

Am nächsten Morgen erinnerte sich Konstantin sofort an den seltsamen Traum, und da er wußte, wie sehr Nikolaus immer wieder Unschuldigen half und wie ehrenhaft der Bischof immer handelte, so schickte er eilends einen Boten mit persönlicher Nachricht zum Gefängnis und ließ die drei Feldherren zu sich bitten.

«Edle Herren, ich habe Euch herbitten lassen, da mir durch einen Traum heute nacht Zweifel an Eurer Schuld gekommen sind. Wir waren einst Freunde, und so will ich Euch offen fragen, ob es stimmt, was man Euch vorwirft, daß ihr nach der Macht strebt und den Thron stürzen wollt?» «Majestät», antworteten die Drei wie aus einem Mund, «was diesen Vorwurf betrifft, so ist er ganz sicher falsch. Hätten wir denn sonst wohl den Aufstand kürzlich für Euch niedergeschlagen? Hätten wir uns sonst arglos in die Hauptstadt zurückbegeben? Sicher gibt es am Hofe Neider, die sich unsere Abwesenheit zunutze gemacht haben, um vielleicht selbst in der Gunst bei Euch zu steigen?»

«Wahrlich», sprach da der Kaiser, «ich werde gründlich danach forschen, woher die Anschuldigungen kamen, und glaubt mir, die Urheber werde ich finden. Ihr aber geht nun nach Hause und danket dem, der mir im Traume erschien: Nikolaus von Myra.»

Voller Freude verbeugten sich die Drei, und reichbeschenkt kamen sie zuhause an. Bald darauf richteten sie aber erneut ein Schiff, fuhren eilends zu Nikolaus nach Myra, um sich auch bei ihm zu bedanken.

Wie erstaunt waren die drei Feldherren, als sie im Hafen von Myra an Land gingen und eine Gruppe von Menschen, darunter auch Nikolaus, zu ihrem Empfang bereit fanden! Mit keinem Wort hatten sie ja Nachricht geben können, daß sie unterwegs waren.

Noch immer voller Verwunderung traten sie auf Nikolaus zu. Der aber lachte und sagte zu ihnen: «Freuet Euch, Ihr Herren, daß Ihr Euren Neidern entgehen konntet, – meine Hilfe dabei war gering genug!»

Trotz alledem bedankten sich die Feldherren herzlich bei Nikolaus und übergaben ihm zur Hilfe für die Bedürftigen den ganzen Schatz, den sie vom Kaiser für ihren erfolgreichen Feldzug bekommen hatten. Als schönstes Stück aber hatten die Feldherren eine prachtvolle Handschrift der Evangelien für Nikolaus mitgebracht, mit vergoldeten Initialen und ganz in feinstes Leder gebunden und mit Perlen und Edelsteinen verziert. Und dieses Geschenk zierte durch Jahrhunderte den Altar der Bischofskirche.

Eines Nachts wehte der wilde Wüstenwind von Afrika her übers Meer. Nikolaus lag in seiner Zelle und wälzte sich unruhig auf seinem Lager, denn bei dem Lärm des Windes konnte er nicht einschlafen. Und als er so in die Dunkelheit schaute, da erschien ihm plötzlich ein strahlend heller Stern und erfüllte mit seinem Licht die ganze armselige Zelle. Nikolaus war geblendet und schloß die Augen. Als er sie aber wieder öffnete, war die Zelle dunkel wie zuvor und er fragte sich, ob er die ganze Lichterscheinung nur geträumt habe.

Anderntags ging er zu einem Mitbruder und befragte ihn, da dieser in Deutungen aller Art bewandert war. Der weise Bruder sagte zu Nikolaus: «Menschen, die wie du sich ganz dem Werk Gottes hingeben und mit Milde und tätiger Hilfe durchs Leben gehen, denen erscheint dieses Wunder manchmal: Der eigene Stern! Sei fröhlich, denn dir ist diese große Gnade zuteil geworden.»

So ging Nikolaus von dannen. In einer der folgenden Nächte erschien ihm aufs neue der Stern. Diesmal war Nikolaus froh, denn er wußte doch jetzt, was es mit dieser Erscheinung auf sich hatte. Und als gerade der Stern sachte aus der Zelle glitt, stand er auf und folgte dem Schein. Er folgte ihm über den Gang und die Treppe, bis schließlich das helle Licht in die Kirche vordrang und, oh Wunder, sich mit dem Stern vereinigte, der über des Christus Haupt auf dem Altarbild gemalt war. Dort strahlte er nun und füllte den Raum mit seinem milden Licht.

Nikolaus aber fiel auf die Knie und senkte in stummem Gebet sein Haupt. Er wußte nun, daß er dem rechten Stern folgte und durch sein Tun dieses Licht auch anderen schenken konnte.

Zu dieser Zeit begab es sich, daß eine Pilgergruppe aus dem Heiligen Land abgesegelt war und auf dem Weg über Alexandria, wo der Kapitän noch weitere Fracht aufgenommen hatte, gen Myra segelte. Weit war das Schiff schon auf dem offenen Meer, die Nacht war fast hereingebrochen, da frischte der Wind auf, Wolken verdeckten die Sterne, nach denen der Steuermann den Kurs gehalten hatte und ein Sturm kündigte sich an. Immer drohender pfiff der Wind, die Wellen türmten sich hoch und warfen das Schiff wie eine Nußschale hin und her – auf und ab. Eine gewaltige Sturmbö erfaßte den vorderen Mast, zerbrach ihn und warf ihn aufs Deck, so daß der Schiffsjunge, der vom

Ausguck auf der Mastspitze gar nicht so schnell hatte herabsteigen können, unter dem Mast begraben ward. Gewaltig erzitterte das Schiff durch diesen ungewohnten Stoß und Passagiere und Schiffsleute sahen sich dem Untergang nahe. Der Kapitän und viele Leute seiner Mannschaft stammten aus Myra und hatten dort natürlich auch von den Taten des Bischofs Nikolaus gehört und wie er schon so vielen Menschen aus der Not geholfen hatte. Und da sie fromme Leute waren, flehten sie aus ganzem Herzen um Hilfe und Rettung aus dem tobenden Sturm.

Urplötzlich erschien ein fremder Mann auf dem Schiff, ordnete mit kräftiger Hand die Taue, ermunterte die Männer und half ihnen, den Mast wieder aufzurichten. Er schien überall zugleich tätig zu sein: dem Steuermann half er das Ruder zu führen, dem Schiffszimmermann die Schäden notdürftig auszubessern, den Passagieren sprach er Mut zu und schließlich ging er zu dem Schiffsjungen, der in der Kajüte unter einer Plane gebettet lag, machte das Kreuzeszeichen über ihm und siehe, der Junge wurde wieder lebendig und schaute verwundert in die Gesichter rings um sich her.

Ebenso plötzlich, wie er aufgetaucht war, verschwand der seltsame Mann wieder – keiner konnte sagen wohin. Das Meer aber war ruhig geworden, die Wolken rissen auf und als eine letzte dunkle Wolke, wie von Geisterhand gezogen, davonflog, sah der Kapitän einen strahlenden Stern vor sich, der ihm den Weg nachhause zum Hafen wies. Kein Hindernis hemmte mehr die Fahrt und nach einem weiteren Tag konnte das Schiff wohlbehalten im Hafen von Myra landen.

Voller Freude und Dankbarkeit gingen die Schiffsleute und die Pilger an Land und in die nahe Bischofskirche, um dort die Messe zu hören. Wie erstaunt aber waren sie, als sie in dem Priester jenen Unbekannten erblickten, der ihnen in ihrer Not so tatkräftig geholfen hatte. Nikolaus hatte ihnen den rechten Stern gewiesen.

NIKOLAUS UND DIE GETREIDESCHIFFE

Lange Jahre war Nikolaus schon in Myra Bischof und die Bevölkerung liebte und verehrte ihn, weil er für jeden ein freundliches Wort gab oder Hilfe in der Not denjenigen spendete, die sie brauchten.

Wie jede Stadt war Myra auch auf die Versorgung aus dem Lande angewiesen, bis auf wenige Güter, die die Stadt auf Schiffen erreichten. Als nun in jener Zeit durch einige schlechte Ernten und Unwetter die Lebensmittel knapp wurden und eine Hungersnot ausbrach, versuchten viele Einwohner, von den im Hafen landenden Schiffen Lebensmittel zu bekommen. Doch auch die Schiffe waren knapp an Vorräten, ja meist hatten sie nur soviel, daß es für die noch lange Weiterfahrt gerade reichte.

Eines Tages wurden wieder Schiffe gesichtet und viele Menschen strömten zum Hafen, voller Hoffnung, vielleicht doch noch Lebensmittel zu bekommen. Als nun die drei Schiffe landeten, stellte es sich heraus, daß sie im Hafen von Alexandria Getreide für Rom geladen hatten. Die Kapitäne der Schiffe hatten strikte Anweisung, unterwegs nichts von diesem Getreide zu verkaufen. Als die hungrigen Einwohner von Myra dies hörten, waren sie ganz verzweifelt und schickten in ihrer Not einen Boten zu Nikolaus, ob er nicht in diesem Fall etwas erreichen könnte.

Nikolaus begab sich zum Hafen, um mit den Kapitänen zu verhandeln, doch auch ihm sagten sie: «Ehrwürdiger Bischof, die kaiserlichen Beamten in Alexandria haben das Getreide genau abgemessen und uns strikte Anweisung gegeben, es unterwegs nicht zu verkaufen, denn es ist für die kaiserlichen Kornkammern in Rom bestimmt.»

Nikolaus aber antwortete ihnen: «Ihr Herren, die kaiserlichen Beamten konnten nicht wissen, daß wir hier in der Stadt Myra eine Hungersnot haben. Wir bitten Euch deshalb inständig, uns von Eurer Ladung gegen gute Bezahlung hundert Säcke des Getreides zu verkaufen, es soll Euer Schade nicht sein und Ihr werdet sehen, daß die Ladung trotzdem vollständig, wie abgemessen, in Rom ankommt.»

Die Kapitäne berieten sich und da sie ringsum die hungrigen Menschen sahen, überdies auch durch die Erzählungen ihrer Schifferfreunde aus Myra Nikolaus und seine Taten wohl kannten, gaben sie nach und hundert Säcke des guten Getreides aus Ägypten wurden ausgeladen und an Nikolaus übergeben. Dieser verteilte die Säcke gerecht unter der Bevölkerung, die

dadurch die Not überstand und lange Zeit von diesem Getreide zehren konnte, bis durch bessere Ernten wieder Lebensmittel aus dem Hinterland der Stadt zu bekommen waren.

Nach einigen Tagen segelten die Kapitäne unter dem Jubel und Dank der Bevölkerung von Myra mit ihrer Ladung weiter nach Rom. Voll Vertrauen in Nikolaus' Versprechen, daß der Verkauf der hundert Säcke ihr Schade nicht sein solle, landeten sie in Ostia, dem Hafen von Rom. Das Getreide wurde ausgeladen, während die Kapitäne den kaiserlichen Beamten, die die Ladung kontrollierten, die Geschichte ihrer Landung in Myra erzählten. Als der letzte Sack des Getreides entladen war und die Beamten alles zusammenzählten, waren sie hocherstaunt, denn kein Sack fehlte, die ganze Ladung war vollständig, so wie sie in Alexandria eingeladen worden war.

Die Kapitäne aber waren hocherfreut, denn sie hatten schon den Zorn des Kaisers gefürchtet. Die Kunde dieses Wunders aber ging von Mund zu Mund und alle Schiffer des Mittelmeeres trugen das Wort weiter und priesen die Tat des Bischofs Nikolaus.

NIKOLAUS PILGERT INS HEILIGE LAND

Die Verwandten von Nikolaus lebten in Patara oder in der Umgebung von Myra. Sie hörten und sahen die Taten des Bischofs und waren bestrebt, ihm in ihrer Lebenshaltung nachzueifern. Ein Vetter des Nikolaus hatte es zu Reichtum gebracht und stiftete ein Kloster für Myra. Dann bat er seinen berühmten Verwandten, er möge dem Kloster als Abt vorstehen. Nikolaus aber in seiner Demut weigerte sich, die Würde anzunehmen, er sei dafür nicht geeignet und auch zu alt. Doch als auch der Beichtvater des Nikolaus zur Annahme der Abtswürde riet, gab Nikolaus nach und wurde den Mönchen ein wohlwollender und guter Hausvater.

So vergingen viele Jahre, bis Nikolaus schließlich die Sehnsucht überkam, sein Leben hinfort ganz dem Gebet zu widmen und sich als Einsiedler zurückzuziehen. Ehe er aber diesen Plan in die Tat umsetzte, wollte er noch einmal das Land Palästina besuchen und zu den Heiligen Stätten pilgern. So nahm er Abschied von den Mönchen und der Stadt Myra, wo er so lange Jahre seines Lebens gewirkt hatte, mietete sich auf einem Schiff ein und fuhr ins Heilige Land.

Dort pilgerte er durch die Stadt Jerusalem, wanderte auch nach Bethlehem und nach dem See Genezareth und an die vielen anderen Stätten, an denen Christus, der Herr gelebt und gewirkt hatte. Schließlich hatte er seine Pilgerfahrt beendet und mietete sich ein Schiff, welches ihn nach dem Nilland bringen sollte, wo er in der dortigen Wüste sein Leben beschließen wollte.

In der ersten Nacht auf dem Schiff erschien ihm aber in einem Traumgesicht Christus, der ihm anriet, in sein Kloster zurückzukehren, da die Mönche seiner bedürften. Als Nikolaus am Morgen erwachte, befahl er den Schiffsleuten, ihn anstatt nach Alexandria nach Myra zu bringen. Die Seeleute aber wollten, wie es ursprünglich vereinbart war, zur Nilstadt segeln, weil dort Waren für sie lagen und so segelten sie stillschweigend weiter. Kurze Zeit später kam jedoch ein mächtiger Sturm auf, der das Schiff zurücktrieb und der Kapitän fand sich an der Stelle wieder, an der Nikolaus den Auftrag zur Fahrt nach Myra gegeben hatte.

Beschämt offenbarte der Kapitän Nikolaus seine Eigenmächtigkeit und bat, ihm und seiner Mannschaft zu verzeihen, denn sie hätten selbstsüchtig nur an die Waren in Alexandria gedacht, nicht aber an ihren Gast.

Lächelnd vergab ihnen Nikolaus. Der Kapitän aber segelte bei gutem Wind weiter nach Myra, wo Nikolaus wenig später wohlbehalten in seinem Kloster ankam. Die Mönche begrüßten ihn mit großer Freude, denn er hatte ihnen doch sehr gefehlt.

NIKOLAUS BEFREIT EINEN SKLAVEN

Einst lebte an der Grenze des byzantinischen Reiches ein Handelsherr, der lange keinen männlichen Nachkommen erhielt. Er beratschlagte mit seiner Frau, was zu tun sei und beide kamen überein, ihre Bitte um einen Sohn an den heiligen Nikolaus zu richten. Sie flehten zu ihm und ehe ein Jahr verstrichen war, gebar die Frau einen Knaben. Die Eltern waren voller Freude und ließen Nikolaus zu Ehren eine kleine Kapelle bauen, in der sie jedes Jahr getreulich das Nikolausfest feierten.

Der Knabe wuchs heran und bald durfte er seinem Vater an die Hand gehen und allerlei Verrichtungen für ihn tun, damit er sich beizeiten daran gewöhne, später die Geschäfte des Vaters zu übernehmen. Auch den Schiffsverkehr sollte er kennenlernen, und sein Vater schickte ihn deshalb immer wieder auf kurze Handelsreisen mit. So lernte er die verschiedenen Häfen kennen, die Länder auch, und die Kapitäne erklärten ihm bereitwillig alles was er wissen wollte.

Auf einer dieser Reisen wurde das Schiff des Handelsherren von einem schnellen arabischen Segler eingeholt und überfallen. Kapitän und Mannschaft wurden auf dem nächsten Sklavenmarkt verkauft, den Sohn des Handelsherren aber schenkte der Piratenkapitän dem Sultan des Landes, um sich seine Gunst zu erringen. So wurde der Knabe Hofsklave und mußte den Sultan bedienen.

Die Eltern aber waren verzweifelt, denn sie hatten keine Kunde, wohin ihr Sohn gekommen sein könnte. Als eines Tages die Nachricht kam, man hätte das leere und beraubte Schiff des Handelsherren vor der Küste treibend gefunden, bestand zwar die Hoffnung, daß er noch lebte, doch wo, war ungewiß.

Am kommenden Nikolausfest aber gedachten die Eltern besonders innig ihres Sohnes und baten abermals Nikolaus um Hilfe.

Zu gleicher Zeit ging der Knabe im Sultanspalast seinen Pflichten nach und schenkte beim Mahl dem Sultan den Becher immer wieder voll. Auch er gedachte des Nikolausfestes und wie es zuhause gefeiert worden war. Der Sultan bemerkte seine traurige Miene und drang in ihn, doch zu erzählen, was der Grund seiner Trauer sei. Da erzählte der Knabe vom Nikolausfest und wie es gefeiert wurde. Der Sultan hörte sich zwar alles an, doch wurde er unwillig und meinte schließlich: «Euer Nikolaus mag ja viel tun, aber hier im Palast bist du uns sicher, komm, schenk' mir den Becher wieder voll!»

Er reichte dem jungen Sklaven den schweren goldenen Trinkbecher und dieser wollte gerade erneut Wein einschenken, da erhob sich ein heftiger Wirbelwind und trug ihn, der noch immer den Becher hielt, vor den Augen des erstaunten Sultans von dannen.

Bald darauf sah er sich noch wie im Traum an der Nikolauskapelle seines Vaterhauses stehen, aus der gerade seine Eltern heraustraten. Alle waren tiefbewegt und voller Freude und dankten Nikolaus aus vollem Herzen für die Errettung.

NIKOLAUS WIRD ALS BÜRGE AUFGERUFEN

Ein christlicher Kaufmann wollte ein besonders vorteilhaftes Geschäft abschließen und brauchte dazu eine größere Summe Geldes. Da ging er zu einem jüdischen Geldverleiher, um sich die Summe zu leihen. Als Bürgen nannte er den Bischof Nikolaus und bei seinem Altar schwur er, das Geld zurückzuzahlen, sobald es ihm möglich sei.

So verging einige Zeit, der Kaufmann hatte seine Geschäfte zu einem guten Abschluß gebracht, aber den Juden ließ er warten. Als dieser schließlich, nachdem er viele Wochen geduldig gewartet hatte, sein Geld zurückforderte, sagte ihm der Kaufmann, er habe es ihm doch schon längst zurückgegeben. Der Hebräer aber gab sich mit dieser Auskunft nicht zufrieden, denn er wußte ja doch genau, daß er das Geld nicht erhalten hatte, und so rief er das Gericht um Hilfe an.

Der Schuldner wußte nun seinerseits, daß er vor dem Richter einen Schwur ablegen mußte und so ließ er sich einen langen Stab anfertigen, der wie ein Wanderstab aussah, innen jedoch hohl war. In diesen Hohlraum füllte er die Summe, die er dem Geldverleiher schuldete in lauter Goldstücken und betrat so, auf seinen Stab gestützt, den Gerichtssaal.

Der Richter rief nun den Kaufmann zu sich und forderte ihn auf, den Schwur vor dem Gericht zu leisten. Da gab der Kaufmann seinen Stab dem Juden zum Halten und schwur so, er habe das Geliehene zurückgegeben. Nach dem Schwur ließ er sich flugs von dem Juden seinen Stab wiedergeben. Der Jude, der ja keine Ahnung hatte, welchen Schatz er da in den Händen hielt, hatte die List des Kaufmanns nicht durchschaut und gab den Stab zurück.

Der Betrüger aber verließ den Gerichtssaal und machte sich auf den Heimweg. Mittlerweile war es Mittag geworden, die Sonne stand hoch und er suchte sich bald ein schattiges Plätzchen, wo er ruhen wollte, bis die ärgste Hitze vorbei war. Er hatte jedoch nicht bemerkt, daß die schattige Stelle Teil eines vielbefahrenen Weges war und ehe er sich's versah, kam ein schneller Wagen, dessen Pferde ungestüm dahinbrausten, und der Kaufmann wurde überfahren, sodaß er wenig später starb. Sein Stab aber lag zerbrochen, und die Goldstücke rollten am Boden dahin.

Der Jude war nach der erfolglosen Gerichtsverhandlung dem Kaufmann nachgeeilt. Ein paar Leute, die seine Partei ergriffen hatten, begleiteten ihn. Als sie nun zu der Stelle kamen, wo der Kaufmann lag, rieten die Leute dem Juden, sein Eigentum zu nehmen. Dieser aber weigerte sich und entgegnete: «Dieser Kaufmann war ein schlechter Mensch, er wollte mir mein Eigentum vorenthalten und ich sehe nun, mit welcher List er es geschafft hat. Er rief aber den Bischof Nikolaus als Bürgen an, und so will ich das Geld nicht einfach nehmen, sondern schwöre meinerseits, wenn der angerufene Bischof bewirken kann, daß dieser Tote wieder zum Leben erweckt wird, dann will ich mich zum Christen taufen lassen!»

Kaum hatte er diesen Schwur getan, als der Kaufmann die Augen auftat und sich verwundert umschaute. Als er des Juden ansichtig ward, stand er auf und bat ihn um Verzeihung, dann überreichte er ihm die Goldstücke. Der Jude aber hielt seinen Schwur, ging hin zu einer Kirche und ließ sich taufen.

NIKOLAUS UND DER KOSTBARE TEPPICH

In der byzantinischen Hauptstadt, die, nachdem Konstantin Kaiser geworden war, Konstantinopel genannt wurde, lebte ein Ehepaar, welches den Bischof Nikolaus sehr verehrte. In ihrem Alter waren sie verarmt und als das Nikolausfest nahte, hatten sie nichts mehr, um das Fest würdig begehen zu können, ja nicht einmal für Kerzen reichte es mehr. Das einzige Besitztum von Wert, welches ihnen verblieben war, war ein kostbarer Teppich, aus Wolle und feinster Seide geknüpft. In ihrer Not riet die Frau dem Mann, den Teppich zu verkaufen, um auf diese Weise nicht nur das Nikolausfest feiern zu können, sondern um darüber hinaus noch etwas für den Lebensunterhalt übrig zu behalten.

Schweren Herzens rollte der Mann den Teppich zusammen, wanderte durch die winkligen, von Holzhäusern gesäumten Straßen und schlug dann die Richtung zu den Gewölben der Teppichhändler ein. Er war noch nicht dort angelangt, als ihm ein würdig und gütig aussehender alter Mann begegnete, der ihn ansprach: «Mein Freund, ihr strebt mit einem Teppich zu den Gewölben der Teppichhändler, ist Euch dieses Stück wohl feil, wollt Ihr es mir verkaufen?»

Der Mann war zunächst etwas verdutzt, da er jedoch so freundlich angesprochen wurde, antwortete er: «Wohl ist mir dieser Teppich feil, doch werdet ihr kaum viel dafür geben wollen. Es ist zwar ein kostbares Stück und hat einst mehr als zehn Goldstücke gekostet, doch ist er durch den Gebrauch nicht besser geworden.» Der gütige Alte aber entgegnete ihm: «So Ihr mit sechs Goldstücken zufrieden seid, kaufe ich Euch den Teppich ab.»

Der Handel wurde abgeschlossen und der Mann, der sein Glück noch kaum fassen konnte, eilte auf den Markt, um dort alles Notwendige für das Fest und auch noch Lebensmittel einzukaufen.

In der Zwischenzeit hatte die Frau zuhause das Haus in Ordnung gebracht, die Räume schön geschmückt, als plötzlich der Türklopfer laut ertönte. Sie eilte zur Haustür, machte auf und sah einen alten, würdigen Mann davor stehen, der ihr einen zusammengerollten Teppich übergab und nur kurz zu ihr sagte: «Euer Mann läßt Euch diesen Teppich übergeben, er muß nur noch einige Einkäufe auf dem Markt erledigen, dann kommt er gleich nach.» Und ehe noch die Frau den Mund auftun konnte, hatte der alte Mann sich abgewandt und war im Gewühl der Gassen verschwunden. Die Frau wußte nicht, was sie denken sollte, denn vor kurzer Zeit hatte doch ihr Mann den Teppich zum Verkauf mitgenommen und nun schickte er ihn wieder. Wollte er sie etwa zum Narren halten? Zornig legte sie den Teppich auf den Boden – unzweifelhaft, es war ihr Teppich.

Bald darauf hörte sie am Geräusch der Haustür, daß ihr Mann zurückgekommen war. Sie eilte ihm entgegen und als sie ihn auch noch mit leeren Händen dastehen sah, hub sie an zu schimpfen, denn sie glaubte nun wirklich, er hätte einen schlechten Streich verübt. Ihr Mann ließ sie ausreden und als sie gerade fertig war, ging erneut der Türklopfer. Diesmal öffnete der Mann und ließ einen Lastträger eintreten, der eine Last Lebensmittel und Kerzen niederstellte und dankend seinen Trägerlohn empfing.

«Siehst du, liebe Frau, das alles habe ich von dem Verkauf des Teppichs einhandeln können, und es ist sogar noch einiges übriggeblieben.»

Die Frau war nun ihrerseits ganz verwirrt, denn wie konnte es zugehen, daß ihr Mann den Teppich verkauft hatte und ihn gleichzeitig zurückschickte? So erzählte sie nun ihrem Mann von der Begebenheit mit dem Teppich und zeigte ihm den Platz, wo sie ihn wieder ausgebreitet hatte. Nun war die Reihe an ihm, erstaunt zu sein, und er ließ sich den Überbringer des Teppichs genau beschreiben. Bei der Beschreibung stellte sich heraus, daß derselbe gütige alte Mann, der ihm den Teppich abgekauft hatte, auch der Überbringer hier im Hause war. Da erkannte der Mann, daß wohl der Bischof Nikolaus selbst Käufer und Überbringer in einer Person gewesen war. So feierten sie das Fest zu seinen Ehren und dankten ihm aus ganzem Herzen für die Gabe.

So wunderbar aber dünkte den Beiden diese Begebenheit, daß sie aus ihrer Dankbarkeit heraus zum Patriarchen eilten und alles erzählten. Bald lief die Kunde durch die ganze Stadt und alle priesen die Wohltat des Bischofs Nikolaus.

NIKOLAUS ERWEIST DIE UNSCHULD DES DIENERS

Ein reicher Kaufmann lebte in seinem Haus in Konstantinopel mit vielen Dienern. Sein Leibsklave war ein junger Mann, der fromm und gewissenhaft seinen oft nicht leichten Dienst tat. Dieser junge Mann war ein Verehrer des Bischofs Nikolaus und freute sich auf alle Berichte, die er von dem großen Helfer hören konnte.

Eines Tages verlegte sein Herr eine größere Summe von Goldstücken und da er sie nirgends finden konnte, verdächtigte er seinen Leibdiener des Diebstahls, ließ ihn in Ketten legen und in den Kerker werfen. Der junge Sklave wußte kaum wie ihm geschah, so schnell hatte sich alles abgespielt, daß er kaum ein Wort zu seiner Verteidigung anbringen konnte. Tränen der Verzweiflung liefen ihm übers Gesicht, und bittend lag er auf den Knien und flehte aus ganzem Herzen zu dem von ihm so verehrten Nikolaus. Plötzlich erfüllte strahlendes Licht den Kerker, und als der Junge aufzublicken wagte, sah er im Lichte die Gestalt des Nikolaus. Und er glaubte die Worte des Bischofs zu vernehmen, der zu ihm sprach: «Christus wird es nicht zulassen, daß du unschuldig leidest – durch mich, seinen Diener wird er dich befreien.» Und im gleichen

Augenblick spürte der Jüngling, daß die schweren Ketten von ihm abfielen und er frei war.

Der Kaufmann hatte sich unruhig auf seinem Lager gewälzt und immer wieder die Frage gestellt, ob er an seinem sonst so ehrlichen Leibsklaven nicht doch ungerecht gehandelt hätte. Und als er so, halb träumend, halb wach sinnierte, erstrahlte auch bei ihm ein übernatürliches Licht. Doch keine Worte der Güte hörte er, denn Nikolaus machte ihm heftige Vorwürfe über sein voreiliges Tun und zeigte ihm auch, wo er in seiner Vergeßlichkeit die Goldstücke hingelegt hatte. Erschrocken sprang der Kaufmann auf und richtig, an der angegebenen Stelle fand er die Goldstücke vollzählig vor.

Obwohl es noch mitten in der Nacht war, rief er eiligst seine ganze Dienerschaft zusammen, erzählte ihnen sogleich von der wunderbaren Erscheinung und sagte auch vor ihnen allen, daß er seinen Leibsklaven zu Unrecht in den Kerker gesteckt hätte. Dann gingen Herr und Dienerschaft in den Keller, fanden den Jüngling der Fesseln ledig und staunten noch mehr. Der Kaufmann aber bat seinen Diener um Vergebung, ja er gab ihm seine Freiheit zurück, dazu noch eine große Summe Goldes, damit er hinfort sein eigenes Leben führen könne.

WIE NIKOLAUS NACH BARI KAM

Bischof Nikolaus war schon zu seinen Lebzeiten weit über die Grenzen des byzantinischen Reiches hinaus bekannt. Berichte über seine Taten eilten von Mund zu Mund, von Schiff zu Schiff rund um das Mittelmeer und weit ins Hinterland hinein.

Nach seinem Tode am 6. Dezember um das Jahr 342 vervielfachten sich die Geschichten und gelangten auf ihrem Weg quer durch Europa. Es wird berichtet, daß im Jahre 1087 Nikolaus einem frommen Bürger in Bari, der Hafenstadt im südöstlichen Italien erschien und ihn bat, seine Gebeine von Myra nach Bari zu überführen. Der Kaufmann machte sich mit zwei Freunden auf den Weg, und sie segelten nach Myra, wo sie das einst so prächtige Kloster und die Kirche dem Verfall preisgegeben sahen. Die Mohammedaner hatten auf ihren Kriegszügen das Land überschwemmt und verwüstet, der Hafen von Myra war versandet, und die einst große Stadt bestand nur noch aus wenigen Häusern. Drei Mönche waren im Kloster zurückgeblieben, und von ihnen übernahmen die drei Kaufleute die Gebeine des Heiligen und brachten sie nach Bari.

Feierlich wurden sie empfangen und brachten die

kostbare Reliquie zunächst in ein Benediktinerkloster. Dann aber entstand ein Streit, wo die Gebeine endgültig ihren Platz finden sollten. Der Normannenherzog Roger hörte von diesem Streit und bot den großen Hof eines seiner Paläste zum Bau einer Kirche an. Dort wurde dann eine prächtige Kirche gebaut, die noch heute zu bewundern ist. Seit dieser Zeit aber wurde Nikolaus nicht nur im Orient, sondern auch in ganz Europa als Helfer aus vielerlei Notlagen verehrt und bis heute feiert die Christenheit auf der ganzen Welt sein Fest am 6. Dezember. Und da er nicht nur den Kindern des Edelmannes aus der Not half, sondern auch sonst immer wieder für die Kinder eintrat, so ist dieser Tag insbesondere ein Kinderfesttag geworden.

Im Kreis der christlichen Jahresfeste nimmt das Nikolausfest am 6. Dezember zur Erinnerung an den Todestag des Heiligen einen besonderen Platz ein. Wir feiern es heute als ein Kinderfest, bei dem die Kinder heimlich und selbstlos beschenkt werden, so wie Nikolaus als junger Mann, wie es uns die zweite Legende dieses Bandes erzählt, die drei Töchter des verarmten Edelmannes beschenkt hat.

Nikolaus hat aber nicht als «Kinderheiliger» seinen Eingang in die Herzen der Menschen gefunden, sondern ganz allgemein als Helfender – ein Helfer, der mit Mut und Geschick, mit Überzeugung und Güte, oft auch mit Strenge immer dann einschritt, wenn sich Notlagen irgendwelcher Art oder auch Ungerechtigkeiten ergaben.

Die wenigen bekannten, oft nicht einmal ganz gesicherten historischen Daten, die uns überliefert sind, geben natürlich kein vollständiges Bild seines Wirkens: In Patara in Lykien soll er als Sohn wohlhabender Eltern geboren sein. Dort lebte er bis seine Eltern

starben, die ihm ein beträchtliches Vermögen hinterließen. Dieses Vermögen verwendete er, um seine theologischen Studien zu betreiben und – um Notleidenden zu helfen. Schon seine Wahl zum Bischof im benachbarten Myra ist nicht datierbar. Auch seine Teilnahme am Konzil zu Nikäa im Jahre 325 ist nicht nachzuweisen, obwohl angenommen werden darf, daß ein so bedeutender Mann wie Nikolaus, der noch dazu ganz in der Nähe des Konzilsortes seinen Bischofssitz hatte, sicher auch dabei war. Selbst das Jahr seines Todes wird einmal mit 327, 342 oder 352 angegeben. Sicher ist nur, daß im Jahre 1087 die Gebeine aus dem Sarkophag in Myra nach Bari überführt wurden und von diesem Datum ab verbreitet sich die Verehrung des Heiligen auch über ganz Europa.

Sind die historischen Fakten auch spärlich, so hat sich die legendäre Erzählung um so mehr dieser vorbildhaften Gestalt angenommen, ja manche Länder erwählten Nikolaus zu ihrem Nationalheiligen. Die Ostkirche prägte die Verehrung anders als die Kirche im Westen, wo sich zum helfenden Nikolaus der strafende Knecht Ruprecht gesellte; wohl eine Reminiszenz an Gebräuche im Zusammenhang mit dem Julfest vorchristlicher Zeiten.

Die Legenden dieses Büchleins mögen in ihrer Vielfalt das Wirken dieses Heiligen ein wenig aufzeigen. Sie sind alle frei aus den verschiedensten Quellen gestaltet, doch folgen sie einer gewissen inneren Chronologie, die uns vielleicht helfen kann, dieses besondere Leben in unseren Herzen nachzuvollziehen.

BENÜTZTE LITERATUR

KLABUND (A. HENTSCHKE): Heiligenlegenden, Leipzig 1921

MELCHERS, ERNA U. HANS: Das große Buch der Heiligen, München 1982

MILLER, REX: In Search of Santa Claus, Ankara 1955

SEIFERT, TRAUDL: Heilige in Kunst und Legende, München 1973

VORAGINE, JACOBUS DE: Die Legenda Aurea, Heidelberg 1979

ABBILDUNGEN

INHALTSVERZEICHNIS